HABITAR A TERRA

Dados Internacionais de Catalogação na Publicação (CIP)
(Câmara Brasileira do Livro, SP, Brasil)

Boff, Leonardo
  Habitar a Terra : qual o caminho para a fraternidade universal? / Leonardo Boff. – Petrópolis, RJ : Editora Vozes, 2022.

  ISBN 978-65-5713-379-8

  1. Esperança – Aspectos religiosos 2. Fraternidade 3. Igreja Católica I. Título.

21-78581   CDD-248.4

Índices para catálogo sistemático:
1. Fraternidade : Vocação humana : Vida cristã : Cristianismo   248.4

Aline Graziele Benitez – Bibliotecária – CRB-1/3129

LEONARDO BOFF

HABITAR A TERRA
QUAL O CAMINHO PARA A FRATERNIDADE UNIVERSAL?

EDITORA VOZES

Petrópolis

© by Animus/Anima Produções Ltda.
Caixa Postal 92.144 – Itaipava
25741-970 Petrópolis – RJ
www.leonardoboff.com

Direitos de publicação em língua portuguesa:
2021, Editora Vozes Ltda.
Rua Frei Luís, 100
25689-900 Petrópolis, RJ
www.vozes.com.br
Brasil

Todos os direitos reservados. Nenhuma parte desta obra poderá ser reproduzida ou transmitida por qualquer forma e/ou quaisquer meios (eletrônico ou mecânico, incluindo fotocópia e gravação) ou arquivada em qualquer sistema ou banco de dados sem permissão escrita da editora.

Diretor Editorial
Gilberto Gonçalves Garcia

Editores
Aline dos Santos Carneiro
Edrian Josué Pasini
Marilac Loraine Oleniki
Welder Lancieri Marchini

Conselheiros
Francisco Morás
Ludovico Garmus
Teobaldo Heidemann
Volney J. Berkenbrock

Secretário Executivo
Leonardo A.R.T. dos Santos

Editoração: Maria da Conceição B. de Sousa
Diagramação: Sheilandre Desenv. Gráfico
Revisão gráfica: Nilton Braz da Rocha
Capa: Adriana Miranda

ISBN 978-65-5713-379-8

Editado conforme o novo acordo ortográfico.

Este livro foi composto e impresso pela Editora Vozes Ltda.

Sumário

Prefácio – Francisco e Leonardo, irmãos universais, 9

Introdução – As ameaças que pesam sobre a Terra e a natureza, 15

Parte I – *Fratelli Tutti*, a revolução paradigmática: do *dominus* (dono) ao *frater* (irmão), 31

1 Recusa da ordem mundial vigente, 32

2 Beber da própria fonte, do que é mais humano nos humanos, 35

3 O paradigma do *dominus* (senhor) *versus* do *frater* (irmão), 39

4 A urgência da esperança como virtude e com princípio, 42

5 Por onde começar e que políticas assumir?, 43

6 A política como ternura e amabilidade para com os débeis, 44

7 O princípio da solidariedade, 46

8 A contribuição fundamental das religiões, 47

Parte II – É possível a fraternidade humana e com todas as criaturas?, 49

1 Depois da Shoá e o genocídio indígena é possível a fraternidade humana?, 51

2 No meio da agonia, *o Cântico das Criaturas* de São Francisco, 53

3 São Francisco lê a fraternidade no rosto doce do Crucificado, 54

4 Onde predomina o poder não há amor nem ternura, 57

Parte III – Uma fraternidade humana universal possível: outro tipo de presença no mundo, 61

1 O grande obstáculo à fraternidade: a vontade de poder, 62

2 A renúncia a todo poder pela humildade radical, 63

3 Um outro modo de ser e de presença no mundo, 64

4 A grande tentação de São Francisco: o carisma ou o poder?, 67

5 A unidade da criação: todos, irmãos e irmãs, humanos e seres da natureza, 69

6 A "humildade principal" segundo Claude Lévi-Strauss, 70

7 Se não pode ser um estado, a fraternidade pode ser um novo tipo de presença no mundo, 71

8 O tempo de São Francisco e o nosso tempo, 73

9 O espírito de fraternidade como exigência para a continuidade da vida no planeta, 75

10 Uma aposta: a fraternidade universal é possível, 76

11 Condições para a fraternidade universal e para a paz duradoura, 81

12 A nossa responsabilidade coletiva, 88

Conclusão, 91

Prefácio

Francisco e Leonardo, irmãos universais

A conhecida frase de São Paulo *spes contra spem* (esperança contra toda esperança) (Rm 4,18) pode ser retraduzida em nosso tempo como *ser esperança para dar esperança*. Para dar esperança em momentos de grande crise na história da humanidade surgiram profetas, pensadores, políticos, testemunhas, cientistas... que mostraram um novo caminho, uma alternativa ao abismo para o qual a humanidade caminhava. A lista é muito longa.

Dar esperança é obra dos grandes consoladores, como os profetas do Antigo Testamento. Eles estão na *corrente quente* da história humana; são os precursores do futuro, da plenitude da humanidade. E tanto o Papa Francisco quanto Leonardo Boff estão incluídos nessa *corrente quente*. Ambos estão unidos pela ecologia integral.

Nunca havíamos nos deparado com uma alternativa tão clara como hoje: temos de escolher entre uma cosmologia de dominação, de conquista, de poder e uma cosmologia de cuidado e de relacionamento. A alternativa é, portanto, entre uma *cosmologia de dominação* e uma *cosmologia de fraternidade* com a Mãe Terra, nosso lar comum. A cosmologia da fraternidade universal é o sonho de Francisco de Roma e de Leonardo Boff, na esteira de Francisco de Assis. É a alternativa ao neoliberalismo, ao pensamento único que permeou todo o planeta. Na verdade, o neoliberalismo e o capitalismo, baseados na competição e na exploração dos recursos naturais, determinaram um contra-ataque da Terra. A espécie humana travou uma guerra contra a natureza, e a Terra reagiu. A emergência do Coronavírus foi um grande contra-ataque, mas também um aviso que a Mãe

Terra nos deu. Porém, para Leonardo Boff, a Terra nos ofereceu a oportunidade de um retiro reflexivo, convocando toda a humanidade a repensar sua relação com ela.

Para isso é necessário ter clareza sobre o que está em jogo. Como será o mundo pós-Covid? O desafio é muito grande, pois não se trata de montar um sistema. Parece-nos que, na lógica da fraternidade universal, as propostas contidas, por exemplo, no Fórum de Assis sobre a Economia de Francisco e Clara são mais coerentes com a mudança de paradigma do que a pandemia nos impõe. Se levarmos em conta que os protagonistas desse fórum foram jovens economistas de todo o mundo, isso realmente é um bom presságio para a reserva ética e política de seu protagonismo para tornar nosso planeta mais fraterno.

A política é a grande arte para a construção da Casa Comum. Claro, a política deve ser repensada na lógica da fraternidade humana. Na encíclica do Papa Francisco *Fratelli Tutti* (Irmãos todos) há longas reflexões sobre economia e política. Ele enfatiza que "A política não deve se submeter à economia, e esta não deve submeter-se aos ditames e ao paradigma eficientista da tecnocracia" (n. 177).

É assim que se explicita a nova política ou, se preferir, a política autêntica: "O novo paradigma da fraternidade e do amor social se desdobra no amor em sua realização pública, no cuidado dos mais vulneráveis, na cultura do encontro e do diálogo, na política como ternura e gentileza". Do papa vem um claro convite para implantar a revolução da ternura. A esplêndida análise que ele faz nessa encíclica da figura do bom samaritano é realmente um grande desafio para a política contemporânea.

Leonardo Boff escreve a esse respeito:

> Com a Parábola do Bom Samaritano Papa Francisco faz uma análise rigorosa dos vários personagens que entram em cena e os aplica à economia e à política, culminando nas perguntas: Com quem você se identifica? Com os feridos na rua, com o sacerdote, com o levita ou com o estrangeiro, o samaritano, desprezado pelos judeus? Esta questão é crua, direta e determinante: Com qual deles você se parece? (n. 64). O bom

samaritano se torna modelo de amor social, político e de solidariedade irrestrita (n. 66).

Aqui está a medida para avaliar a bondade da política neste momento de pandemia. A mudança de paradigma também se aplica aqui: Com quem você se identifica? A política deve ouvir o grito de dor do mais pequeno, e sabemos o quanto a pandemia devastou os mais frágeis, empobrecendo também a classe média. Assim, novas pobrezas surgiram em nossa sociedade, criando confusão e raiva. Outro exemplo lembrado pelo papa é o de Charles de Foucauld, *irmãozinho de Jesus*. No deserto da África do Norte, junto com a população muçulmana, ele quis ser "definitivamente o irmão universal" (n. 287).

Neste prefácio eu quis explicar o raciocínio profundo que Leonardo Boff, ecoteólogo da libertação, faz neste livro. A vida de Leonardo é a de um mestre da teologia contemporânea que se comprometeu, segundo o paradigma central da Teologia da Libertação, com os pobres e os menos favorecidos, contra a sua pobreza, em favor da justiça social e da libertação.

> Ora, a Ecologia Integral e a Teologia da Libertação têm algo em comum: ambas partem de um grito. A ecologia surge do grito dos seres vivos, das florestas, das águas [...] principalmente do grito da Terra. [...] E na categoria dos pobres deve estar incluído o Grande Pobre que é a Terra, nossa Mãe, a Terra torturada e crucificada que devemos baixar da cruz.

Pela sua capacidade de ouvir os pobres e os últimos, o Papa Francisco e Leonardo Boff tornaram-se irmãos de todos, irmãos universais. "Que Deus inspire este sonho em cada um de nós. Amém" (*Fratelli Tutti*, n. 288).

Pierluigi Mele

RAI-News

Roma, 22 de abril de 2021.

Introdução

As ameaças que pesam sobre a Terra e a natureza

O presente texto (*Habitar a Terra – Qual o caminho para a fraternidade universal*) quer abordar as reais possibilidades de realização da fraternidade universal proposta por Francisco de Assis e pelo Francisco de Roma e considerar os entraves que a nossa cultura atual apresenta; que, mantida, torna-a impossível.

Atualmente se colocam duas questões decisivas: a primeira, não basta um outro mundo possível, mas um outro mundo necessário; a segunda, dentro desse mundo necessário devem estar os vários mundos culturais e a natureza incluída.

Todos os mundos, a natureza incluída, estão sob graves ameaças. Consideremos algumas delas.

A Terra e a natureza estão sob ataque

A primeira delas é uma eventual *guerra nuclear*. Nos arsenais das potências militaristas existem centenas e centenas de ogivas e bombas nucleares, de diversos tamanhos e letalidade, ao lado de armas químicas e biológicas altamente mortíferas. O efeito desse aparato militar é tão devastador, que pode pôr fim ao experimento humano e esfacelar aquela finíssima camada que protege a vida, a biosfera.

A segunda é o progressivo *aquecimento global* do planeta, em decorrência dos gases de efeito estufa como o CO_2, o metano e outros agentes danosos à vida e à perpetuidade de Gaia como supersistema vivo e autorregulador que sempre produz e reproduz vida. O aquecimento está se aproximando de 2 ºC. Se não for reduzida drasticamente a emissão desses gases, pode ocorrer, de acordo com muitos e notáveis cientistas, *um salto abrupto no aquecimento*, atingindo até 4 ºC. Eles advertem que, se tal evento ocorrer, a vida como a conhecemos dificilmente subsistiria, inclusive a vida humana.

A terceira é a crescente *escassez de água potável*. De toda água existente no planeta, somente 3% são potáveis, os outros 97% são salgados. Desses 3%, somente 0,7% é acessível ao consumo humano e à sedentação dos animais. E dos 0,7%, 70% vão para a agricultura e 20% para a indústria. Somente o restante é disponível aos seres humanos, sendo que boa parte é inacessível, seja porque se encontra em aquíferos profundos (no Brasil temos o Guarani, Alter do Chão, entre outros) seja nas altas montanhas ou nas calotas polares.

Desde que a água foi transformada em mercadoria negociável, passou a ser ainda mais inacessível à grande porção da humanidade. Tal mercantilização é um atentado à vida, pois, por sua natureza, a água é um bem comum, natural, vital e insubstituível. A água é vida, e a vida é sagrada; por isso, esse bem não pode ser transformado em mercadoria. Preve-se que em algumas regiões do mundo haverá guerras para garantir o acesso às fontes de água potável.

A quarta ameaça está no risco de ultrapassagem das nove *fronteiras planetárias*. Um grupo de notáveis cientistas elencou nove itens que regulam a estabilidade e a resiliência do sistema-Terra e do sistema-vida. Esse grupo publicou um detalhado estudo na revista *Science* de 15 de janeiro de 2015 com o título: "Planetary boundaries: Guiding human development on a changing planet". Nesse estudo elenca fronteiras que não podem ser ultrapassadas; caso contrário, se desestabilizaria todo o planeta e nossa civilização seria colocada em grave risco. São elas:

1) mudanças climáticas;

2) mudança na integridade da biosfera (perda de biodiversidade e extinção de espécies);

3) diminuição da camada de ozônio;

4) acidificação dos oceanos;

5) fluxos biogeoquímicos (ciclos de fósforo e nitrogênio);

6) mudança no uso da terra (p. ex., desmatamento);

7) uso desmedido de água-doce;

8) concentração de aerossóis atmosféricos (partículas microscópicas na atmosfera que afetam o clima e os organismos vivos);

9) introdução de novos elementos (p. ex., poluentes orgânicos, materiais radioativos, nanomateriais e microplásticos).

A sobrevivência de nossas sociedades e da própria natureza depende da manutenção dessas fronteiras e das interações entre a Terra, os oceanos e a atmosfera.

Quatro das nove fronteiras planetárias foram ultrapassadas: mudanças climáticas; mudança na integridade da biosfera; fluxos biogeoquímicos (fósforo e nitrogênio); e mudança no uso da terra. Duas delas, mudanças climáticas e mudança na integridade da biosfera, chamadas de *fronteiras fundamentais*, uma vez totalmente rompidas podem levar ao colapso toda a nossa civilização.

Como todas as fronteiras são sistêmicas, ultrapassadas as principais, poderão derrubar, num efeito dominó, todas as demais. Isso tornaria o planeta menos habitável. Como temos ciência e tecnologia, alguns bilhardários construiriam para si ilhas ou portos de salvação que garantiriam sua sobrevivência; mais segura, porém sempre ameaçada. Os demais seres humanos e as miríades de espécies estariam sob gravíssimo risco de lentamente desaparecerem, pois não teriam condições de se adaptar a tais mudanças.

A quinta ameaça não é menos grave: *a sobrecarga da terra* (*The Earth Overload*). O nível de consumo de bens e serviços naturais (*bondades da natureza*, como chamam os andinos, e não simplesmente *recursos*, na linguagem comercial) chegou a tal nível, que precisamos de uma Terra e meia para atender à nossa cultura consumista. Seguindo o ritmo de consumo atual, antes da metade deste século seriam necessários dois planetas Terra. Calculou-se que se o nível de consumo dos países opulentos fosse generalizado a todo o planeta precisaríamos de 4 a 5 planetas iguais ao nosso.

Por aí vemos que a Terra se tornou insustentável. Ela não suporta mais a sistemática exploração de seus bens e serviços. Ou vivemos dentro dos limites suportáveis da Terra e lhe concedemos tempo para a sua regeneração ou ela reagirá, como está fazendo.

No dia 22 de agosto de 2020 foram publicados os dados da *sobrecarga da Terra*. Desde 2001, quando começou a ser calculada, essa sobrecarga é antecipada em três dias a cada ano. Quando esse ritmo vai parar? Poderemos caminhar em direção a um desastre coletivo de eventos climáticos danosos, de secas, de fome e de morte de milhões de pessoas, especialmente crianças, que são vítimas de todo tipo de carência.

Os assim chamados eventos extremos (grandes secas de um lado e nevascas imensas de outro ou destruidoras inundações e terremotos), aumento do aquecimento global, maior escassez de água potável, erosão crescente dos solos, desertificação de inteiras regiões, aumento de conflitos sociais (Terra e humanidade formam uma única entidade complexa e, assim, a sociedade é parte viva da Terra) e a intrusão planetária do Covid-19, ocorrida em 2020/2021, constituem reações e um verdadeiro contra-ataque da Mãe Terra e da natureza à ininterrupta guerra que os seres humanos, especialmente os consumistas, há séculos estão movendo contra elas.

Respostas paradigmáticas às ameaças

Face a esse cenário dramático no qual o destino comum da Terra e da humanidade está em jogo, foram produzidos três documentos seminais: A *Carta da Terra* (2003), nascida de uma vasta consulta na humanidade e assumida pela Unesco, a *Laudato Si' – Sobre o cuidado da Casa Comum* (2015) e a *Fratelli Tutti* (2020), estas últimas escritas pelo Papa Francisco. Todos estes textos, conscientes da grave situação do planeta e da vida, propõem alternativas paradigmáticas, capazes de nos projetar e realizar um rumo diferente e salvador.

Como jamais ocorreu, somos obrigados a tomar a história em nossas mãos e decidir se queremos prolongá-la sobre este planeta ou se a encerraremos dramaticamente.

Lamentavelmente há um *deficit* de cultura ecológica e da consciência da gravidade da situação global, seja nos tomadores de decisões, seja na mente coletiva. Ou despertamos desse sono letárgico ou inconscientemente construiremos o abismo no qual todos seremos precipitados.

Neste contexto cabe citar a parábola criada pelo grande filósofo e teólogo dinamarquês Søren Kierkegaard (1813-1855) e recontada por Joseph Ratzinger, posteriormente Bento XVI, no primeiro capítulo de seu possivelmente melhor livro: *Introdução ao cristianismo* (1967):

> *Vivemos como nos tempos de Noé*
> Um circo da Dinamarca pegou fogo. O diretor do circo enviou um palhaço que já estava preparado para atuar à aldeia vizinha em busca de auxílio, pois havia o perigo de as chamas se estenderem até lá, reduzindo-a a cinzas, juntamente com toda a colheita. O palhaço correu à aldeia e pediu aos seus habitantes que fossem com a maior urgência ao circo para ajudar a extinguir o fogo. Mas os camponeses julgaram que se tratava apenas de um excelente truque para que mais gente fosse assistir ao espetáculo. Aplaudiam e riam muito. Mas o palhaço tinha mais vontade de chorar do que de rir.

Conclamava a população com voz cada vez mais desesperada. Em vão tentava persuadi-los e explicar-lhes que não se tratava de um truque nem de uma brincadeira, mas de coisa muito séria e que o circo estava mesmo ardendo em fogo. As suas súplicas só fizeram aumentar ainda mais as gargalhadas. Os aldeões achavam que ele estava desempenhando bem o seu papel, maravilhosamente bem. O fato é que o circo queimou totalmente e o fogo se espalhou pelos campos secos; as chamas atingiram todas as casas da aldeia. Tanto o circo como a aldeia foram consumidos pelas chamas. [Conclui Kierkegaard:] Assim, suponho eu, é a forma pela qual o mundo vai acabar no meio da hilariedade geral dos gozadores e galhofeiros que pensam que tudo, enfim, não passa de mera gozação.

Esta situação é atual, assemelhando-se àquela de Noé: todos "comiam e bebiam, casavam e davam-se e casamento" (Lc 17, 27), mas ninguém ouvia os apelos de Noé. O texto bíblico que pode muito bem ser aplicado ao nosso tempo reza: "A Terra estava corrompida e cheia de toda a iniquidade [...] tudo na Terra era corrupção; toda criatura mortal havia corrompido sua conduta na Terra" (Gn 6,11-12).

O capitalismo incivilizado e o neoliberalismo como causas

O atual cenário sombrio é consequência da maneira como os humanos, nos últimos três séculos, resolveram se organizar sobre o princípio do poder-dominação de uns sobre os outros, sobre povos diferentes, sobre a natureza, sobre as várias formas de energia e até sobre as ínfimas partículas da matéria e da vida. Usa-se a ciência de forma abusiva e a técnica como a forma mais radical de transformação do meio ambiente. Da *interação* inicial de outrora passou-se à *intervenção*, mais tarde com o surgimento da agricultura de extração e de irrigação, e, por fim, no tempo da tecnociência, à *agressão* direta da natureza, sempre para tirar benefícios materiais e acumular fortunas sem limites.

O modo de produção é o capitalista e sua expressão política são o liberalismo e o neoliberalismo. Estes são os principais causadores do desequilíbrio do sistema-Terra e do sistema-vida. Produzem duas injustiças: uma *ecológica*, devastando a natureza em função de um ilusório crescimento ilimitado à custa da superexploração das riquezas naturais, e outra *social*, gerando riqueza em pouquíssimas mãos e imensa e perversa pobreza da maioria da humanidade. O Papa Francisco chama esse sistema de assassino, pois mata vidas: a natureza e a humanidade.

A Carta da Terra, *a* Laudato Si' *e a* Fratelli Tutti *são textos seminais*

A face da Terra foi transformada e deformada. Forjamos o princípio de autodestruição. A racionalidade instrumental-analítica se mostrou absolutamente irracional.

O paradigma do poder, a pretensão do ser humano de comparecer como o *dominus* (senhor e dono) sobre tudo o que existe e vive, e não como *frater* (irmão) de todos e com todos, não pode conter a solução para os graves problemas que ele mesmo criou. Forçosamente temos de mudar a direção, pois esta nos conduz a um caminho sem retorno.

Tanto a *Carta da Terra* quanto as duas encíclicas de ecologia integral do Papa Francisco se empenham em apresentar outros princípios e novos valores que nos podem acender uma luz e mostrar um rumo salvador. Esses documentos resgatam a origem comum de todos os seres e do próprio ser humano, formados do *humus* da Terra (daí vem a palavra *homo*, em latim = ser humano). Todos possuímos os mesmos elementos físico-químicos formados no interior das grandes estrelas vermelhas, há bilhões de anos; todos somos interdependentes; todos formamos a grande comunidade de vida e nos encontramos enredados em teias infindáveis de energias nos retroalimentando; todos temos um destino comum, Terra e humanidade, porque formamos uma única e mesma entidade que sente, pensa, ama, cuida, celebra e venera. Cada ser possui um valor intrínseco, independentemente do uso humano, e por isso deve ser acolhido e respeitado. Dito de outra forma, todos somos feitos do pó das estrelas e levamos dentro de nós o seu brilho e calor. Existimos para brilhar e para vivermos juntos a comensalidade e a alegre celebração da vida.

A última encíclica social *Fratelli Tutti* representa um apelo do Papa Francisco, a um só tempo angustiado e esperançador. *Angustiado* pela consciência clara de que todos estamos "no mesmo barco e que ou nos salvamos todos juntos ou ninguém se salva" (n. 6). *Esperançador,* na confiança na criatividade humana, que pode projetar outro tipo de mundo ainda não ensaiado, baseado naquilo que há de mais humano no ser humano, que é o amor, a solidariedade, o cuidado e o sentido de uma irmandade universal entre os humanos, com todos os seres da natureza e uma abertura total ao Infinito, cuja presença lateja dentro de nós, um Deus que se apresentou "como um apaixonado amante da vida" (Sb 11,26). Ele seguramente não nos deixará desaparecer tão miseravelmente depois de séculos e séculos de dolorosa construção de nossa civilização humana.

A esperança de uma fraternidade universal possível

O presente texto (*Habitar a Terra – Qual o caminho para a fraternidade universal?*) assume o sonho proposto pelo Papa Francisco na *Fratelli Tutti* e confronta as dificuldades que nossa cultura do poder-dominação apresenta em relação à fraternidade. Mas também ousa apresentar a possibilidade de sua concretização, desde que realizemos várias pré-condições. Excetuando as culturas dos povos originários que viveram e ainda vivem uma profunda fraternidade, nunca na história conhecida ela se colocou como o eixo estruturador de determinada cultura. Como disse certa vez o grande naturalista francês Théodore Monod, "a humanidade tentou tudo, exceto amar". Agora só o amor incondicional e o sentido da fraternidade universal poderão nos salvar.

Chegamos efetivamente a uma encruzilhada: ou ousamos dar esse passo corajoso rumo ao amor social e a uma real fraternidade universal entre todos os humanos e os demais seres da natureza ou então, como aventa a *Carta da Terra* em seu Preâmbulo, "arriscaremos a nossa destruição e a destruição da diversidade da vida".

Nosso sentimento em relação ao mundo nos diz: como a vida, ao longo de sua existência de mais de 3,8 bilhões de anos, sobreviveu a 15 grandes dizimações, agora ainda irá sobreviver, não obstante o antropoceno e o necroceno, dando um salto de qualidade (quântico) na direção de uma forma de vida mais alta, mais amigável e mais cuidadosa, todos juntos, como irmãos e irmãs (*fratelli et sorores tutti*), abrigados na mesma e única Casa Comum, na nossa grande e generosa Magna Mater e Pacha Mama, a Terra.

Parte I

Fratelli Tutti, a revolução paradigmática: do *dominus* (dono) ao *frater* (irmão)

A nova encíclica social do Papa Francisco, *Fratelli Tutti*, assinada sobre a sepultura de Francisco de Assis, na cidade de Assis, no dia 3 de outubro de 2020, será um marco na doutrina social da Igreja por seu caráter profético e pela coragem quase inaudita de apresentar um paradigma alternativo e novo para toda a sociedade mundial. Por isso, é vasta e detalhada em sua temática, extremamente crítica, o que não a impede de somar valores, até do liberalismo, que o pontífice fortemente rejeita.

1 Recusa da ordem mundial vigente

Tanto na *Laudato Si'* (2015) quanto na *Fratelli Tutti* (2020) o papa claramente recusa a ordem vigente. Na *Laudato Si'* n. 106 escreve: "O ser humano e as coisas deixaram de se dar amigavelmente a mão, tornando-se contendentes. Daqui passa-se à ideia de um crescimento infinito. Isto supõe a mentira da disponibilidade infinita dos bens do planeta; trata-se de um falso pressuposto" (n. 106). Nessa encíclica o papa atribui a voracidade da globalização ao paradigma tecnocrático (cap. III: Da raiz humana da crise ecológica). Não economiza críticas ao antropocentrismo moderno e ao paradigma da tecnociência que se autonomizou e ocupou quase todos os espaços (n. 115).

Já na *Fratelli Tutti* afirma enfaticamente: "Se alguém pensa que se trata apenas de fazer funcionar o que já fazíamos, ou que a única lição a tirar é que devemos melhorar os sistemas e as regras já existentes, está negando a realidade" (n. 7). Faz uma descrição das "sombras densas" (todo o primeiro capítulo) que equivalem, como ele mesmo afirmou em vários pronunciamentos, "a uma terceira guerra mundial em pedaços".

Diretamente assevera: "é uma ilusão enganadora pensar que podemos ser onipotentes e esquecer que nos encontramos todos no mesmo barco" (n. 30). Em função disso adverte: "ninguém se salva sozinho, só é possível salvar-nos juntos" (n. 32). No final do mês de outubro de 2020 ele declarou em seu Twitter: "Ou nos salvamos todos ou ninguém se salva".

Ele ataca diretamente *as quatro pilastras* que sustentam o atual sistema mundial: (1) o *mercado*, em termos de economia; (2) o *neoliberalismo*, em termos de política; (3) o *individualismo*, em termos de cultura; e (4) a *devastação da natureza*, em termos de ecologia: "O *mercado*, por si só, não resolve tudo, embora às vezes nos queiram fazer crer *nesse dogma de fé neoliberal*. Trata-se de um pensamento *pobre, repetitivo* que propõe sempre *as mesmas receitas* perante qualquer desafio que surja. O *neoliberalismo* reproduz-se sempre igual a si mesmo [...] como *única via* para resolver os problemas sociais" (n. 168).

O *individualismo* é apresentado como o vírus mais difícil de vencer. Em termos *de ecologia*, é um sistema assassino que mata vidas da natureza e vidas humanas.

Conclusão: encontramo-nos atualmente num mundo "sem um projeto para todos" (n. 15 e 31). No entanto, Xi Jinping, em seu discurso inaugural como primeiro-ministro perpétuo do Estado chinês, propôs "um destino comum compartilhado por toda a humanidade", pronunciamento que teve pouquíssima repercussão mundial. Sem um projeto comum, todos ficamos efetivamente reféns do projeto privado ou corporativo dos mais fortes, que instauram uma perversa opressão econômica, social. ambiental e cultural sobre todas as sociedades humanas.

Essa tendência está presente na disputa pelo mundo que queremos após a pandemia. Aquele 0,1% de bilhardários que controlam 90% dos recursos econômicos e especulativos já se articulam para impor uma ordem ultraneoliberal capitalista, ainda mais radical do que a anterior à pandemia, uma nova espécie de despotismo cibernético. Para isso, seria utilizada a inteligência artificial, manejando trilhões de algoritmos para controlar cada pessoa e o conjunto da humanidade com o propósito de garantir seus privilégios e principalmente suas fortunas. Logicamente, todo poder provoca um antipoder, pois a humanidade não se deixará levar como gado ao matadouro. Reagirá, com resistências e insurreições, sem podermos calcular à custa de quantas e inumeráveis vítimas. Como vimos, a *Fratelli Tutti* faz advertência semelhante.

Se rejeita a ordem vigente, que alternativa a ela apresenta o Papa Francisco? De qual fonte vai beber? Vai beber da fonte da qual jorra *o mais humano nos humanos*, pois só aí se encontra uma base sólida, sustentável e universalizável.

2 Beber da própria fonte, do que é mais humano nos humanos

Consideremos em que consiste o mais humano nos humanos: o *amor* que deixa de ser uma experiência somente entre dois seres que mutuamente se atraem para emergir como amor social. É *a amizade* que ganha uma expressão social, "pois não exclui ninguém" (*Fratelli Tutti*, n. 94), é a *fraternidade* entre todos os humanos, sem fronteiras, incluindo, no espírito de São Francisco, os demais seres da natureza; é a *cooperação* aberta a todos os países e a todas as culturas; é o *cuidado essencial*, começando por cada um (n. 117) e expandindo-se para tudo o que existe e vive; é a *justiça social*, base da paz; é a *compaixão* para os caídos nos caminhos e uma *abertura confiante* ao Ser que faz ser todos os seres, Deus. Todo esse mundo de excelências torna humano e ainda mais humano o ser humano.

Tais valores estavam presentes na ordem vigente, mas eram vividos apenas subjetivamente nas relações curtas e na privacidade da vida. A novidade do papa foi *generalizar e universalizar o que era subjetivo e individual.*

Fundando-se nesses valores paradigmáticos, eis a alternativa que o Papa Francisco apresenta na *Fratelli Tutti*: "um novo sonho de fraternidade e amizade social [...] que se abre ao diálogo com todas as pessoas de boa vontade" (n. 6).

Fraternidade e amizade social, encontro e uma solidariedade geral *são os eixos estruturadores* de toda a sua proposta. O papa se dá conta do inusitado desta verdadeira aposta, reconhecendo: "parece uma utopia ingênua, mas não podemos renunciar a este sublime objetivo" (n. 190).

Em outras palavras, a humanidade experimentou muitas formas de convivência que nunca conseguiram, de forma satisfatória, reconciliar os seres humanos entre si e com a natureza. Como bem observou um dos últimos grandes naturalistas, o francês Théodore Monod, "a humanidade experimentou tudo, menos amar".

Por isso, face ao atual *debacle* generalizado, os experimentos do passado e do presente não podem nos inspirar caminhos alternativos e salvadores. As culturas originárias dos indígenas e as andinas com seu *bien vivir* conseguiram fazer essa experiência, mas esta não pôde ser assumida e universalizada; ao contrário, os valores comunitários dessas culturas sofreram ataques mortais e destruidores. Porém, eles não caíram no esquecimento, e atualmente mais e mais pessoas se dão conta de que eles são nossos mestres e doutores no trato com a natureza e no cuidado com tudo o que existe e vive. Merecem ser respeitados e revisitados, pois têm muito a nos ensinar.

O sonho a que se refere o Papa Francisco deve ser entendido psicanaliticamente; pelo menos, consoante à psicologia analítica de C.G. Jung, que muito se ocupou com a interpretação dos sonhos, especialmente dos *grandes sonhos*, orientadores do destino da vida: "uma antecipação de realizações futuras, uma concretização prévia de possibilidades".

Papa Francisco apresenta um novo paradigma de habitar na mesma Casa Comum como forma de salvarmos a vida e garantirmos a nossa persistência na Terra como a Grande Mãe que tudo nos dá.

Para perceber a relevância deste novo paradigma seria iluminador confrontá-lo com o paradigma vigente que está na base de toda a Modernidade e das sociedades atuais.

3 O paradigma do *dominus* (senhor) *versus* do *frater* (irmão)

É opinião comum de grandes pensadores, filósofos, sociólogos e analistas do curso do mundo – nomes como Nietzsche, Heidegger, a Escola de Frankfurt e pensadores franceses, para citar alguns – que o nosso paradigma, desde os pais fundadores do século XVII – Descartes, Newton, Copérnico e Francis Bacon –, é a vontade de potência, ou simplesmente *a vontade de poder, como dominação sobre todas as coisas.* A Terra e a natureza não possuiriam qualquer valor em si, mas somente na medida em que se ordenariam ao ser humano. A serviço da dominação se erigiu o poderoso instrumento da tecnociência. Isso nos trouxe grandes vantagens, mas simultaneamente enormes riscos, referidos acima.

Em contraposição a esse paradigma do *dominus*, a *Fratelli Tutti* apresenta o paradigma do *frater*, do irmão, de onde se deriva a *fraternidade universal.* Incluindo os dois gêneros, seria a irmandade universal; todos, homens e mulheres, irmãos e irmãs. Nesse paradigma o ser humano se sente parte da natureza, está junto e ao pé de todos os seres, oriundos do *humus* comum com a missão de guardar e cuidar deles (Gn 2,15).

Esse projeto nunca foi realizado historicamente no Ocidente, a não ser individualmente ou em comunidades religiosas como a dos franciscanos, dominicanos e servitas em seu ramo masculino, feminino e secular. Daí a sua surpreendente novidade quando é apresentado como uma alternativa para toda a humanidade.

Dito de outro modo, o paradigma do *dominus*, do senhor e dono é representado pelo punho cerrado para submeter, enquanto que o paradigma do *frater* é a mão aberta e estendida para a carícia essencial e para se entrelaçar com outras mãos.

O paradigma da Modernidade é claramente antropocêntrico. É o reino do *dominus*: o ser humano como *senhor e dono* (*maître et possesseur* de Descartes) da natureza e da Terra, destituídas de propósito e de valor intrínseco. Por um lado, mudou-se a face da Terra, facilitou-se a vida humana, como o antibiótico que salvou e prolongou a vida e o desenvolvimento dos meios de comunicação. Por outro lado, também deu-se início à *autodestruição*, com armas nucleares, químicas e biológicas capazes de destruir várias vezes toda a vida do planeta. Mas o Covid-19 alterou essa situação, tornando-a ineficaz e pondo de joelhos as potências militaristas que colocavam nessa capacidade de matar todo mundo a base de sua dominação.

Tal cenário sombrio constitui as *sombras densas*, na linguagem da *Fratelli Tutti*. Diante desse novo paradigma, verdadeira cosmovisão, essa encíclica propõe um paradigma alternativo: o do *frater*, o do irmão, o da fraternidade universal e da amizade social.

Desloca, portanto, o centro: de uma civilização técnico-industrialista, dominadora, consumista e individualista para uma civilização fraterna, solidária, da preservação e do cuidado de toda a vida. Essa é a intenção originária do papa, e nessa viragem está a nossa salvação; superaremos a visão apocalíptica da ameaça do fim da espécie por uma visão de esperança, de que podemos e devemos mudar de rumo.

4 A urgência da esperança como virtude e com princípio

Para isso precisamos alimentar a esperança. Diz o papa: "convido-os à esperança que nos fala de uma realidade enraizada no profundo do ser humano, independentemente das circunstâncias concretas e dos condicionamentos históricos em que vive" (n. 55).

Aqui ressoa *o princípio esperança*, que é mais do que a virtude da esperança, mas um princípio, motor interior para projetar sonhos e visões novas, tão bem-formulado pelo filósofo alemão Ernst Bloch. Enfatiza a encíclica: "a afirmação de que os seres humanos somos irmãos e irmãs, que não é uma abstração senão que se faz carne e se torna concreta, nos coloca uma série de desafios que nos *deslocam*, nos obrigam a assumir *novas perspectivas* e a desenvolver *novas reações*" (n. 128). Como se depreende, trata-se de um rumo novo, de uma viragem paradigmática.

5 Por onde começar e que políticas assumir?

Por onde começar? Aqui o papa revela sua atitude de base, com frequência repetida aos movimentos sociais: "Não esperem nada de cima, pois vem sempre mais do mesmo ou pior; comecem por vocês mesmos, sejam os poetas do novo mundo". Por isso sugere: "É possível *começar de baixo*, de cada um, lutar pelo mais concreto e local, até o último rincão da pátria e do mundo" (n. 78). Do local se passa ao regional, do regional ao nacional e do nacional ao mundial (n. 147).

Na *Fratelli Tutti* Francisco dedica longas reflexões à economia e à política; realça que: "a política não deve submeter-se à economia e esta não deve submeter-se aos ditames e ao paradigma eficientista da tecnocracia" (n. 177). Faz uma crítica contundente ao mercado, que ele não possui a solução para todos os problemas de subsistência humana, muito menos em sua dimensão globalizada (n. 168). A globalização nos fez mais próximos, mas não mais irmãos (n. 12). Cria apenas sócios, mas não irmãos (n. 101).

Com a Parábola do Bom Samaritano Papa Francisco faz uma análise rigorosa dos vários personagens que entram em cena e os aplica à economia e à política, culminando nas perguntas: Com quem você se identifica? Com os feridos na rua, com o sacerdote, com o levita ou com o estrangeiro, o samaritano, desprezado pelos judeus? Esta questão é crua, direta e determinante: Com qual deles você se parece? (n. 64). O bom samaritano se torna modelo de amor social, político e de solidariedade irrestrita (n. 66).

O novo paradigma da fraternidade e do amor social se desdobra no amor em sua concretização pública, no cuidado dos mais frágeis, na cultura do encontro e do diálogo, na política como ternura e amabilidade.

6 A política como ternura e amabilidade para com os débeis

Quanto à cultura do encontro, a *Fratelli Tutti* toma a liberdade de citar o poeta brasileiro Vinicius de Moraes no disco *Um Encontro Au Bon Gourmet* na faixa "Samba da bênção", de 1962, onde diz: "A vida é a arte do encontro, embora haja tanto desencontro na vida" (n. 215). A política não se reduz à disputa pelo poder e à divisão dos poderes. Afirma de forma surpreendente: "Também na política há lugar para o *amor com ternura*: aos mais pequenos, aos mais débeis, aos mais pobres; eles devem enternecer-nos e têm o 'direito' de nos encher a alma e o coração; sim, são nossos irmãos, e como tais temos de amá-los e assim tratá-los" (n. 194). Pergunta o que é a ternura, e responde: "é o amor que se faz próximo e concreto; é um movimento que procede do coração e chega aos olhos, aos ouvidos, às mãos" (n. 194).

Isso nos faz recordar a frase de Gandhi, uma das inspirações do papa, ao lado de São Francisco, Luther King, Desmond Tutu: "a política é um gesto de amor ao povo, o cuidado das coisas comuns".

Junto com a ternura vem a *amabilidade*, que podemos traduzir por gentileza, lembrando o Profeta Gentileza, uma figura vestida com uma bata branca, que nas ruas do Rio de Janeiro proclamava a todos os passantes: "Gentileza gera gentileza" e "Deus é gentileza". Atualiza o estilo de São Francisco, para quem a gentileza para com todas as pessoas, particularmente para com as mais invisíveis socialmente, constituía uma característica pessoal testemunhada por seus biógrafos Tomás de Celano, São Boaventura e pela *Legenda Perusina*. A *Fratelli Tutti* define assim a amabilidade: "um estado de ânimo que não é áspero, rude, duro, senão afável, suave, que sustenta e fortalece; uma pessoa que possui esta qualidade ajuda as demais para que sua existência seja mais suportável" (n. 223). Eis um desafio aos políticos, feito também aos bispos e aos padres: fazer a revolução da ternura.

7 O princípio da solidariedade

A solidariedade é um dos fundamentos do ser humano e da sociedade. Ela "se expressa concretamente no serviço que pode assumir formas muito diversas e de tomar para si o peso dos outros; em grande parte é cuidar da fragilidade humana" (n. 115). Essa solidariedade se mostrou ausente e só depois eficaz no combate do Covid-19. Ela impede a bifurcação da humanidade entre o *meu mundo* e os *outros*, e os *eles*, pois "muitos deixam de ser considerados seres humanos com uma dignidade inalienável e passam a ser apenas *os outros*" (n. 27). E conclui com um grande desejo: "Oxalá, no final não haja os *outros*, mas apenas um *nós*" (n. 35).

8 A contribuição fundamental das religiões

Para esse desafio de dar corpo ao sonho de uma fraternidade universal e de amor social a *Fratelli Tutti* convoca todas as religiões, pois "elas oferecem uma contribuição valiosa na construção da fraternidade e para a defesa da justiça na sociedade" (n. 271).

No final evoca a figura do *irmãozinho de Jesus*, Charles de Foucauld, que no deserto do norte da África junto à população muçulmana queria ser "definitivamente o irmão universal" (n. 287). Fazendo seu esse propósito, o Papa Francisco observa: "Só identificando-se com os últimos chegou a ser o irmão de todos; que Deus inspire esse sonho em cada um de nós. Amém" (n. 288).

Estamos diante de um homem, o Papa Francisco, que no seguimento de sua fonte inspiradora, Francisco de Assis, e da prática do Jesus histórico, fez-se também um homem universal, acolhendo a todos e se identificando com os mais vulneráveis e invisíveis de nosso mundo cruel e sem humanidade. Ele suscita a esperança de que podemos e devemos alimentar o sonho da fraternidade sem fronteiras e do amor universal.

Ele faz a sua parte. Compete a nós não deixar que o sonho seja apenas algo onírico, mas o começo seminal de um novo modo de ser no mundo, de uma nova forma de habitar juntos, como irmãos e irmãs e mais a natureza, na mesma Casa Comum.

Teremos tempo e sabedoria para esse salto? Seguramente continuarão as *sombras densas*, mas temos uma lâmpada nesta encíclica de esperança do Papa Francisco. Ela não dissipa todas essas sombras, mas aponta o caminho a ser percorrido por todos. E isso nos basta.

Parte II

É possível a fraternidade humana e com todas as criaturas?

Na encíclica social *Fratelli Tutti* (2020) o Papa Francisco apresenta seu "sonho" de uma nova humanidade fundada na fraternidade universal e no amor social (n. 6), inspirado na figura e no exemplo de São Francisco de Assis, o irmão universal.

Esse tema da fraternidade universal foi a insistente preocupação de um dos melhores conhecedores dos ideais de Francisco de Assis, o francês Éloi Leclerc, em várias de suas obras, especialmente em *Sabedoria de um po-*

bre (Paris, 1959; Braga, 1968) e *O sol nasce em Assis* (Paris, 1999; Vozes 2000), entre outras de grande densidade espiritual e evangélica. Ele não fala teoricamente, mas a partir de uma aterradora experiência pessoal. Jovem frade francês, mesmo não sendo judeu, foi levado para a Alemanha e mergulhou no inferno dos campos de extermínio nazista de Buchenwald e de Dachau. Conheceu a banalidade do mal, as matanças feitas pela SS pelo simples gosto de matar, as torturas e as humilhações que marcaram sua alma como ferro em brasa. Nós das Américas somos testemunhas da nossa Shoá, da matança sistemática de indígenas no Peru, no Caribe, no México e nos Estados Unidos. Foi um genocídio, uma barbaridade pouco vista na história e praticada por pessoas ditas cristãs. Mas o extermínio de hebreus, de ciganos, de opositores e de outras minorias praticadas pelo nazismo tornaram-se emblemáticas pelo seu nível de barbaridade e de inimaginável eliminação banal de vidas humanas.

1 Depois da Shoá e o genocídio indígena é possível a fraternidade humana?

Abalado na fé no ser humano e duvidando de todo o ideal de uma fraternidade humana, Leclerc buscava desesperadamente um raio de luz que não lhe vinha de lugar algum. Mesmo depois de sua libertação pelos aliados em 1945, começou a ter medo de todo o ser humano. Confessa: "de noite, acordava sobressaltado, o suor escorrendo e a alma tomada de pavor; aquelas imagens de horror sempre voltavam e me perseguiam; eu não podia apagá-las" (p. 33). E continua: "Que o Senhor me perdoe se às vezes de noite esse homem velho que me tornei levante os olhos inquietos ao céu, à busca de um pouco de luz" (p. 31).

Carregava dentro de si os carrascos nazistas que o perseguiram e lhe suscitavam questões terrificantes sobre o destino humano e sua capacidade de destruir vidas indefesas. Esse mesmo trauma, mais do que psicológico – pois invade e destrói todo ser humano por dentro e por fora –, foi vivenciado pelo dominicano brasileiro Frei Tito de Alencar, barbaramente torturado pelo Delegado Fleury. Internalizou sua imagem perversa de tal forma, que se sentia sempre perseguido por ele, até que, não aguentando mais, deu fim à sua vida, deixando um bilhete no qual dizia: "É melhor morrer do que perder a vida". Essa experiência terrível foi vivenciada também por Frei Éloi Leclerc, que depois de longa e sofrida reflexão, nos entregou uma trêmula luzinha apontando a possibilidade de uma fraternidade universal, inspirada no pobre de Assis.

Nas Américas conhecemos também a nossa terrível Shoá, que ainda perdura: o genocídio indígena pelos colonizadores. Milhares foram trucidados ou vítimas das doenças trazidas pelos colonizadores europeus. Como consequência dessa vitimação a população do México, em 70 anos, teve sua população de cerca de 20 milhões de habitantes reduzida a 1,7 milhão. Os genocidas, que se intitulavam cristãos, matavam com a espada e com a cruz no afã de dominar, buscar riquezas e *converter* à força, à luz de uma mal-interpretada e malvivida fé cristã. Ela nada tinha do

Evangelho e do caminho de Jesus, mas tudo de uma ideologia de dominação político-religiosa, ilusoriamente pretendendo "difundir a fé e o império", nas palavras de Camões.

2 No meio da agonia, o *Cântico das Criaturas* de São Francisco

Foi o encontro com Francisco de Assis e com o seu exemplo que possibilitou a Leclerc nascer novamente o sol em sua alma obnubilada, conseguindo resgatar o sentido secreto de todo o sofrimento. Ele narra um fato misterioso que ocorreu em um vagão de trem descoberto e carregado, como gado, de prisioneiros. Durante 28 dias viajaram nessas condições de Buchenwald até Dachau, nos arredores de Munique.

Eram três confrades franciscanos, um deles agonizante. No meio do inferno irrompeu algo do céu. Sem saber por que, movidos por um impulso superior, começaram a cantar com vozes quase inaudíveis o *Cântico das Criaturas* de São Francisco. As densas trevas não puderam impedir a luz do senhor e irmão Sol e a generosidade da mãe e senhora Terra. No *Cântico* se celebra o matrimônio da ecologia interior com a ecologia exterior e o esponsal do Céu com a Terra, do qual nascem todas as coisas. A pergunta que sempre lhe atravessava a garganta era: Será que a fraternidade entre os humanos e com os demais seres da criação é possível? Essa experiência entre agonia e deslumbramento não poderia conter uma eventual resposta esperançadora? Abriu-se pelo menos uma trêmula chama. Tal choque existencial motivou Éloi Leclerc a estudar e a aprofundar qual seria a singularidade de Francisco de Assis, esta figura absolutamente excepcional do conjunto das hagiografias da Igreja.

3 São Francisco lê a fraternidade no rosto doce do Crucificado

Leclerc descreve, então, o processo da tentativa de construção da fraternidade universal na trajetória de Francisco de Assis. Este era filho de um rico comerciante de tecidos e era considerado o rei da *jeunesse dorée* da cidade, vivendo em farras e algazarras. De repente começou a dar-se conta da futilidade daquela vida e passou a permanecer durante horas na Capelinha de São Damião, contemplando o rosto doce e terno de um crucifixo bizantino. Algo semelhante fazia Dostoiévsky, que uma vez ao ano viajava para Dresden, Alemanha, com a finalidade de contemplar em determinada igreja, durante horas, a beleza de um quadro de Maria extraordinariamente deslumbrante. Precisava dessa contemplação para apaziguar sua alma atormentada. No romance *Os Irmãos Karamazov* ele deixou esta instigante frase: "é a beleza que salvará o mundo".

Assim, a doçura e o olhar misericordioso do Cristo bizantino, à semelhança com Dostoiévsky, conquistaram aquele jovem em profunda crise existencial e lhe mudaram o destino da vida. Convenceram-no da fé no Criador, que criou uma fraternidade fundamental, fazendo com que todos os seres, pequenos e grandes, também os humanos e o próprio Jesus de Nazaré, fossem tirados do pó, do *humus* da Terra. Todos têm a mesma origem, formam uma fraternidade terrenal.

São Paulo aos Efésios, com uma experiência semelhante, lembrava aos seus endereçados: "Tende os mesmos sentimentos que Cristo teve. Sendo Deus, despojou-se de sua condição divina; fez-se um nada e assumiu a condição de servo por solidariedade com os seres humanos; apresentou-se como simples homem; humilhou-se obedientemente até à morte, e morte de cruz [o mais humilhante dos castigos impostos aos subversivos]" (Fl 2,5-8).

À luz dessas matutações, Francisco esqueceu sua situação de filho de um rico mercador, descobriu a origem comum de todos os seres, do pó da Terra, de seu *humus* e contemplou também a humildade terna do Cristo retratada no rosto sereno e doce do crucifixo bizantino. Como era prático e resoluto em tudo o que se propunha, tirou logo uma conclusão: vou solidariamente unir-me àqueles que mais próximos estão do Crucificado, os leprosos, e com eles vou viver aquilo que nos faz pela criação irmãos e irmãs, e criar uma radical fraternidade com eles. Confessa em seu testamento: "aquilo que antes me parecia amargura agora emerge como doçura". Conhecemos o resto da saga do *Sol de Assis*, como é chamado por Dante na *Divina comédia*.

Entretanto, Éloi Leclerc não se contentou com a experiência iluminadora do *Cântico das Criaturas*. A angustiante pergunta não lhe dava sossego: Qual é o grande obstáculo que impede a fraternidade humana e com todas as criaturas e que cria espaço para os massacres e a eliminação sumária de pessoas, tidas inferiores ou sub-humanas, como ocorreu nos campos de extermínio e com a Shoá? Chegou à conclusão de que é *a vontade de poder*.

4 Onde predomina o poder não há amor nem ternura

Como C.G. Jung já havia percebido, essa vontade de poder constitui o mais perigoso arquétipo do ser humano, pois lhe dá a ilusão de ser como Deus, dispondo a seu bel-prazer o destino e eventualmente a vida e a morte dos outros. Ele afirmou: "onde predomina o poder, aí não há mais lugar para a ternura nem para o amor". Quando se torna absoluto, o poder se mostra assassino e elimina todos os que fazem ouvir outra voz (Leclerc, p. 30). Ora, nossas sociedades históricas (à exceção dos povos originários) se estruturaram ao redor da vontade de poder-dominação e de submeter tudo a elas: os povos, a natureza e a própria vida. Elas introduzem a grande divisão e desigualdade entre aqueles que têm poder e aqueles que não o têm.

Enquanto prevalecer o poder-dominação como eixo estruturador de tudo jamais haverá fraternidade entre os humanos e com a criação. Como esse arquétipo é humano, está latente dentro de cada um de nós, onde se esconde um Hitler, um Stalin, um Pinochet e um Bolsonaro. O próprio Leclerc confessou: "Senti despertar em mim mesmo a besta com sua sede de vingança" (p. 32).

Temos de colocar sob severo controle essa besta funesta que reside em nós, se quisermos manter a nossa humanidade. Se nos entregarmos à sedução do poder-dominação, romperemos todos os laços, e a indiferença, o ódio, a vingança e a barbárie poderão invadir todo o espaço da consciência, como está ocorrendo em vários países, especialmente no Brasil, fazendo emergir figuras sinistras e até necrófilas às quais nos referimos.

Esse fato dramatiza ainda mais a questão ousadamente proposta pelo Papa Francisco na *Fratelli Tutti*: uma fraternidade universal e um amor sem fronteiras. Talvez porque, desta vez, como ele tem repetido: "Ou nos salvamos todos ou ninguém se salvará".

Parte III

Uma fraternidade humana universal possível: outro tipo de presença no mundo

Em fevereiro de 2019, em visita aos Emirados Árabes, o Papa Francisco assinou em Abu Dhabi importante documento com o Grão Imame de Al-Azhar, Ahmad Al-Tayyeb: *Sobre a fraternidade humana em prol da paz e da convivência comum*. Em sequência, a ONU estabeleceu o dia 4 de fevereiro como sendo o *Dia da Fraternidade Humana*.

Esse é um tipo de esforço generoso que visa minimizar as profundas divisões que imperam na humanidade. Almejar uma fraternidade universal dentro do contexto atual, dominado pelo capitalismo, parece um sonho distante, embora sempre desejado.

1 O grande obstáculo à fraternidade: a vontade de poder

O eixo estruturador das sociedades mundiais e de nosso tipo de civilização, como já refletimos anteriormente, é a vontade de poder como dominação.

Não há declarações sobre a unidade da espécie humana e da fraternidade universal – como a mais conhecida Declaração Universal dos Direitos Humanos de 1948 da ONU, enriquecida com os direitos da natureza e da Terra – que consigam impor limites à voracidade do poder.

Essa problemática foi muito bem-entendida por Thomas Hobbes. Menciona no capítulo X de sua obra *Leviatã* (1615): "Assinalo, como tendência geral de todos os homens, um perpétuo e irrequieto desejo de poder e de mais poder que cessa apenas com a morte; *a razão disso reside no fato de que não se pode garantir o poder senão buscando ainda mais poder*". Jesus foi vítima desse poder, ao mesmo tempo religioso e político, sendo judicialmente assassinado na cruz. Nossa cultura moderna se assenhorou da morte, pois com a máquina de extermínio já criada pode eliminar a vida sobre a Terra. Como controlar o demônio do poder que nos habita? Onde encontrar o freio ou a medicina adequada?

2 A renúncia a todo poder pela humildade radical

São Francisco nos abriu o caminho da radical humildade e da pura simplicidade. A radical humildade implica pôr-se junto ao *humus*, à terra, onde todos se encontram e se fazem irmãos e irmãs, porque todos vieram do mesmo *humus*. O caminho para isso consiste em descermos do pedestal no qual, soberana e arrogantemente, nos colocamos como senhores e donos da natureza, operando um radical despojamento de qualquer título de superioridade. Consiste em nos fazermos realmente pobres, no sentido de tirar tudo o que se interpõe entre o eu e o outro. Aí se aninham os inter-esses. Estes não podem prevalecer, pois são entraves para o encontro com o outro, olho a olho, rosto a rosto, de mãos vazias para o abraço fraterno entre irmãos e irmãs, por mais diferentes que sejam.

A pobreza não representa nenhum ascetismo. É o modo que nos faz descobrir a fraternidade, juntos sobre o mesmo *humus*, sobre a irmã e mãe Terra. Quanto mais pobre, mais irmão do Sol, da Lua, dos pobres, do animal, da água, da nuvem e das estrelas.

Francisco palmilhou humildemente essa senda. Não negou as obscuras origens de nossa existência, do *humus* (de onde vem *homo* em latim), e dessa forma se confraternizou com todos os seres, chamando-os com o doce nome de irmãos e irmãs, até o feroz lobo de Gúbio.

3 Um outro modo de ser e de presença no mundo

A radical humildade e pobreza que Francisco também chama de *minoridade* (não se sentir superior a ninguém, mas juntos no mesmo chão como iguais), geradoras de fraternidade, significam uma *nova presença no mundo e na sociedade*, não como quem se imagina a coroa da criação, estando acima de todos, mas como quem está *ao pé e junto* com os demais seres. Por esta fraternidade universal, o mais humilde encontra sua dignidade e sua alegria de ser, por não se sentir ameaçado mas respeitado e por ter seu lugar garantido entre os demais seres.

Leclerc sempre recoloca a pergunta, como quem não está totalmente convencido: Será que a fraternidade é possível entre os seres humanos? Ele mesmo responde*:*

> Somente se o ser humano se colocar com grande humildade entre as criaturas, dentro de uma unidade de criação (que inclui o ser humano e a natureza como um todo) e respeitando todas as formas de vida, inclusive as mais humildes, ele poderá esperar um dia formar uma verdadeira fraternidade com todos os seus semelhantes. A fraternidade humana passa por essa fraternidade cósmica (p. 93).

A fraternidade vem acompanhada de *simplicidade*, que não é uma atitude piegas ou carola. Trata-se de um modo de ser transparente, desnudo, que nada tem a esconder, qual coração aberto e espírito sem segundas intenções. A simplicidade libera tudo o que é supérfluo, todo tipo de coisa que vai sendo acumulada ao largo da vida, fazendo as pessoas reféns, criando desigualdades e barreiras. As pessoas simples jamais se negam a conviver solidariamente com qualquer tipo de pessoa; contentam-se com o suficiente; não dão o que lhes sobra, mas o que têm e o que são; doam a si mesmas. Esse era o modo de ser e de viver de São Francisco. Ele fascinava as pessoas, e até os animais se aproximavam dele, parecendo haver resgatado um pouco da inocência original e do paraíso perdido.

Esse percurso não foi fácil para Francisco; ele se sentia responsável pelo caminho da radical pobreza e fraternidade. Ao crescer o número de seguidores, impunha-se uma organização mínima. Havia belos exemplos do passado. Francisco tinha verdadeira ojeriza a isso. Ele chegou a dizer: "Não me falem das regras de Santo Agostinho, de São Bento ou de São Bernardo; Deus quis que eu fosse um *novo louco neste mundo* (*novellus pazzus*)". Esta é uma clara afirmação da singularidade de seu modo de vida e de seu estar no mundo e na Igreja, como um simples leigo que toma absolutamente a sério o Evangelho no meio e junto dos pobres e invisíveis, e não como um clérigo da poderosa Igreja feudal.

4 A grande tentação de São Francisco: o carisma ou o poder?

Entretanto, em dado momento de sua vida, entrou em profunda crise, pois constatou que seu caminho evangélico de radical pobreza e fraternidade estava sendo fragmentado. Amargurado, retirou-se numa ermida, num bosque, por dois longos anos, acompanhado pelo seu íntimo amigo Frei Leão, "a ovelhinha de Deus". É a grande tentação que as biografias pouco dão relevância, mas essencial para se entender a proposta de vida de Francisco.

Por fim, despoja-se desse instinto de posse espiritual. Aceita um caminho que não é o seu, mas que se tornara inevitável. Onde dormiriam os frades? Como se sustentariam? Prefere salvar a fraternidade do que seu próprio ideal, acolhendo jovialmente a férrea lógica da necessidade. Já não pretende mais nada; despojou-se totalmente até de seus desejos mais íntimos.

Não é mais o carisma *ou* o poder, mas o carisma *e* o poder que se compaginam a partir do amor e do cuidado pelos últimos da Terra. O carisma impõe limites ao poder e o obriga a realizar a sua natureza de serviço ao bem comum e a uma direção judiciosa e justa.

Totalmente despojado em seu espírito, deixa-se conduzir por Deus. Prevalecendo o carisma, ele acolhe o poder necessário, mas sob a regência do Espírito, que será o senhor de seu destino. Ele mesmo não se propõe mais nada. Está à mercê daquilo que a vida lhe pedir, como sendo a vontade de Deus. Sente nisso a maior liberdade de espírito possível, que se expressa por uma alegria permanente a ponto de o chamarem de "o irmão sempre alegre". Ele não ocupa mais o centro; o centro é a vida conduzida por Deus, e isso basta. Francisco aprendeu a combinar o carisma com o poder, este despojado de seu impulso natural de querer ainda mais poder com o intuito de se afirmar como poder.

Volta ao meio dos confrades e recupera a jovialidade e a plena alegria de viver. Mas seguindo o chamado do Espírito, como nos inícios, passa a conviver com os leprosos, que chama de "meus cristos", em profunda comunhão fraterna. Jamais abandona a profunda comunhão com a irmã e mãe Terra. Ao morrer, pede que o coloquem nu sobre a Terra, para a última carícia e a total comunhão com ela.

5 A unidade da criação: todos, irmãos e irmãs, humanos e seres da natureza

Francisco buscou incansavelmente a unidade da criação mediante a fraternidade universal, unidade que inclui seres humanos e seres da natureza. Tudo começa com a fraternidade com todas as criaturas, amando-as e respeitando-as. Se não cultivarmos esta fraternidade originária com elas, vã será a fraternidade humana que passa a ser meramente retórica e continuamente violada. Se vivermos esse laço de fraternidade e de respeito não precisamos mais falar e defender os direitos humanos e da criação. Eles estão garantidos.

6 A "humildade principal" segundo Claude Lévi-Strauss

Curiosamente, o renomado antropólogo Claude Lévi-Strauss, que durante muitos anos lecionou e pesquisou no Brasil e aprendeu a amá-lo (cf. o seu livro *Saudade do Brasil*), confrontado com a crise aterradora de nossa cultura sugere o mesmo remédio de São Francisco:

> O ponto de partida deve ser uma humildade principal: respeitar todas as formas de vida [...] se preocupar com o homem sem se preocupar com as outras formas de vida é, quer queiramos ou não, levar a humanidade a oprimir a si mesma, abrir-lhe o caminho da auto-opressão e da autoexploração (*Le Monde*, 21-22/01/1999).

Diante das ameaças planetárias ele afirmou: "A Terra surgiu sem o ser humano e poderá continuar sem o ser humano".

Voltemos ao nosso momento histórico: o confinamento social imposto pelo Covid-19 criou as condições involuntárias para colocarmos estas questões fundamentais: O que é essencial, a vida ou o lucro? O cuidado da natureza ou sua ilimitada exploração? Que

Terra queremos? Que Casa Comum desejamos habitar? Somente para nós seres humanos ou junto com todos os demais irmãos e irmãs da grande comunidade de vida, realizando a unidade da criação?

O papa, durante a pandemia, refletiu intensamente sobre essas questões. Ele as expressou em termos graves, angustiados na *Fratelli Tutti*, embora, como homem de fé, sempre mantenha e reafirme a esperança.

O sobrevivente do campo de extermínio nazista, Éloi Leclerc, recolocou-a de forma existencial e permanentemente angustiada, mas com acenos de esperança, dentro de frequentes sobressaltos causados pela memória inapagável dos horrores sofridos nos campos de extermínio nazista.

7 Se não pode ser um estado, a fraternidade pode ser um novo tipo de presença no mundo

Francisco viveu em termos pessoais a fraternidade universal, mas em termos globais fracassou. Teve de se compor com a Ordem religiosa e com o poder, e o fez sem amargura, reconhecendo e acolhendo sua inevitabilidade. É a tensão permanente entre o carisma e o poder. Este é um componente da essência do ser humano social; não é uma *coisa* (o Estado, o presidente, a polícia), mas uma *relação* entre pessoas e coisas. Ao mesmo tempo, assume a forma de uma instância de *direção social*. Contudo, devemos qualificar a relação e a direção. Ambas estão a serviço do bem de todos ou de grupos geradores de exclusão e dominação. Para evitar esse modo (o demônio que o habita), prevalente na Modernidade, sempre deve ser colocado sob controle, ser rotativo, e não posse de alguém ou de um clã; ser pensado e vivido a partir do carisma. Este representa um limite ao poder para garantir seu caráter de serviço à vida e ao bem de todos, evitando a tentação da dominação e até do despotismo. O carisma é sempre criativo e coloca em xeque o poder instituído.

Respondendo à questão se é possível uma fraternidade universal, eu diria: Dentro do mundo em que vivemos sob o império do poder-dominação sobre as pessoas, nações e a natureza, ela sempre estará inviabilizada e até negada. "Por aquí no hay camino", dizia o místico São João da Cruz.

No entanto, se ela não pode ser vivida como um estado permanente, poderá ser realizada de outra forma, como *um espírito*, como uma *nova presença* e como *um modo de ser* que tenta impregnar todas as relações, mesmo dentro da atual ordem, que não é fraternal nem cooperativa, mas individualista e competitiva. Mas isso somente é possível na condição de cada pessoa ser humilde, de se colocar junto ao outro e ao pé da natureza, superar as desigualdades e ver em cada pessoa um irmão e uma irmã, colocados sobre o mesmo *humus*, onde estão nossas origens comuns e sobre o qual convivemos.

8 O tempo de São Francisco e o nosso tempo

Francisco de Assis, no quadro conturbado de seu tempo, no tramontar do feudalismo e no alvorecer das comunas, mostrou a possibilidade real de, ao menos em nível pessoal, criar uma fraternidade sem limites.

Mas seu impulso o levava para mais longe: criar uma fraternidade global ao unir os dois mundos de então: o mundo muçulmano do sultão egípcio Al Malik al-Kamil — com quem nutriu grande amizade por ocasião da cruzada à qual havia se associado e distanciado para encontrar o irmão sultão — com o mundo cristão sob o pontificado do Papa Inocêncio III — o mais poderoso da história da Igreja. Dessa forma, realizaria seu maior sonho: uma fraternidade realmente universal, unindo os dois mundos, na unidade da criação, confraternizando o ser humano entre si, mesmo de religiões distintas, com todos os demais seres da criação.

Esse espírito, no contexto das forças destrutivas do antropoceno e do necroceno reinantes, confrontava com uma situação totalmente diversa daquela vivida por Francisco de Assis. Nela não se questionava se a Terra e a natureza tinham futuro ou não. Pressupunha-se que tudo estava garantido. O mesmo ocorreu na grande crise econômico-financeira de 1929 e mesmo na de 2008. Ninguém colocava em questão os limites da Terra e de seus bens e serviços não renováveis. Era um pressuposto dado como evidente, pois, para todos, ela comparecia qual baú cheio de recursos ilimitados, base para um crescimento também ilimitado. Na *Laudato Si'*, o papa chama essa concepção de mentira (n. 106).

Hoje a concepção é outra; sabemos que podemos destruir e abalar as bases físicas, químicas e ecológicas que sustentam a vida.

9 O espírito de fraternidade como exigência para a continuidade da vida no planeta

Não estamos diante de uma opção, mas de uma exigência para a continuidade de nossa vida neste planeta. Encontramo-nos numa situação ameaçadora para a nossa espécie e civilização.

O Covid-19, que afetou inteiramente a humanidade, deverá ser interpretado como o sinal da Mãe Terra de que não podemos continuar dominando e devastando tudo o que existe e vive. Ou fazemos – como adverte o Papa Francisco à luz do espírito e de um novo modo de ser no mundo de Francisco de Assis – "uma radical conversão ecológica" (n. 5) ou continuamos a colocar em risco o nosso futuro como espécie: "As previsões catastróficas já não podem ser olhadas com desprezo e ironia. O nosso estilo de vida e o nosso consumismo insustentáveis só poderão desembocar em catástrofes" (*Laudato Si'*, n. 161). Na *Fratelli Tutti* ele é mais contundente: "Estamos no mesmo barco; ninguém se salva sozinho, só é possível salvar-nos juntos" (n. 32). Trata-se de uma derradeira cartada para a humanidade. Mas tudo pode mudar. Depende de todos nós.

10 Uma aposta: a fraternidade universal é possível

Blaise Pascal (1623-1662), matemático, físico, filósofo e místico, introduziu a categoria *aposta*, que ele aplicava aos ateus. Dizia-lhes que era preciso apostar, e que a aposta era esta: "se pensas que Deus não existe, então ao morrer não perdes nada. Mas se Ele existe, tens tudo a ganhar". É preferível, portanto, crer e ganhar tudo do que não crer e não ganhar nada.

Aqui fazemos semelhante aposta: cremos que iremos superar as ameaças de morte que, como espada de Dâmocles, estão postas sobre nossa cabeça. Cremos, não obstante todas as dificuldades e entraves, que a fraternidade será possível e que irá prevalecer.

O Papa Francisco apresentou um sonho que equivale a uma aposta, o sonho de um paradigma da fraternidade universal entre os humanos e com todos os seres da natureza. Vamos sonhar este sonho-aposta que seria, segundo C.G. Jung, da natureza dos "grandes sonhos", isto é, daqueles que antecipam o futuro e já dão mostras de sua presença sob a figura de uma pequena semente dentro da história.

Essa pequena semente está germinando na vasta rede dos movimentos sociais mundiais, daqueles que nascem na escuridão do solo fértil da Terra, como a Via Campesina e os movimentos dos Sem-Terra e dos Sem--Teto, entre tantos outros. Cresce mais e mais entre os jovens que começam a se dar conta de que seu futuro pode ser roubado ou que a humanidade e a Terra possam eventualmente não ter mais futuro.

A semente é insignificante em tamanho, mas importantíssima em conteúdo, pois conserva em si tudo o que pertence a uma frondosa árvore: as raízes, o tronco, os ramos, as folhas, as flores e os frutos. Tudo cresce lentamente e sem ruído, mas carrega o futuro da vida nova. Assim será o grande sonho proposto pela *Fratelli Tutti*: anunciar o futuro e procurar antecipá-lo já no agora, pois a urgência do tempo o exige.

Esse crescimento obedece à lógica da história, que conhece rupturas e saltos. Assim, estaríamos face a um salto no estado de consciência da humanidade. Poderá ter chegado o momento em que ela se tornou plenamente consciente de que pode se autodestruir, seja por uma fenomenal crise ecológica, social e sanitária (atacada por vírus letais), seja por uma guerra nuclear. Entenderá que é preferível viver fraternalmente na mesma Casa Comum do que entregar-se a um suicídio coletivo. Será obrigada a se convencer de que a solução mais sensata e sábia consiste em cuidar da única Casa Comum, a Terra, vivendo dentro dela, todos, como irmãos e irmãs, tendo a natureza incluída.

A humanidade não poderá estar condenada a se autodestruir, nem pela vontade do poder-dominação nem pelo aparato bélico, capaz de eliminar toda a vida. Ela é chamada a desenvolver as incontáveis potencialidades que estão nela, como um momento avançado da cosmogênese.

Não estou sozinho nesta aposta. Também pensam de modo semelhante muitos cientistas como, por exemplo, Jacques Attali, economista e político, ex-assessor do Presidente François Mitterand (cf. seu livro *Une brève histoire de l'avenir* (2009)) e o famoso cosmólogo Brian Swimme (cf. seus livros *The Universe Story* (1992) e *Journey of the Universe* (2012)), entre tantos outros.

Será, então, um dado da consciência coletiva aquilo que as encíclicas *Laudato Si' e Fratelli Tutti* repetem de ponta a ponta: todos estamos relacionados uns com os outros, todos somos interdependentes e só sobreviveremos juntos. Assim, tudo deveria ser relacional, também as empresas, gerando um equilíbrio geral assentado sobre o amor social, o sentido de pertença fraterna, o altruísmo, a solidariedade e o cuidado comum em relação a tudo (água, alimentação, moradia, segurança, liberdade, cultura etc.). Todos se sentiriam cidadãos do mundo e membros ativos de suas comunidades. Haveria um governo planetário plural (de homens e mulheres, representantes de todos os países e culturas) que buscaria soluções globais para problemas globais. Vigoraria uma hiperdemocracia terrenal.

Temos a grande missão coletiva de construir a Terra, como no Deserto de Gobi, na China, nos idos de 1933, anunciava Pierre Teilhard de Chardin. Assistiremos ao surgimento lento e sustentável da *noosfera*; isto é, das mentes e dos corações sintonizados dentro do Planeta Terra. Este é o nosso sonho-aposta e o nosso ato de fé. Para que essa fé tenha base sólida e seja eficaz é preciso dar conta de algumas condições, como veremos a seguir.

11 Condições para a fraternidade universal e para a paz duradoura

Realisticamente acreditamos no sonho-aposta de uma fraternidade universal proposto pela encíclica *Fratelli Tutti* e numa paz possível e duradoura; porém, sob duas condições:

A *primeira*, importa acolher a *condition humaine*, assim como nos é dada pela criação. Somos seres que vivem na tensão de sermos simultaneamente *sapiens e demens*, portadores de inteligência e justa medida, e seres de violência e de falta de medida; em nós vige o sim-bólico (o que une) e o dia-bólico (o que divide), egoísmo e solidariedade, dimensão do *eros* (pulsão de vida) e do *thánatos* (pulsão de morte). Essas polarizações não representam uma distorção da criação. Cosmólogos e astrofísicos nos garantem que essa mesma polarização vigora também no processo cosmogênico, estruturando-se ao redor do caos e do cosmos, da ordem e da desordem, da autoafirmação de cada ser e, ao mesmo tempo, sua imersão num todo maior.

Em outras palavras, depende de cada um de nós decidir sobre o que vai triunfar em si; se a luz ou as sombras, se o sim-bólico ou o dia-bólico. Essa decisão define o nosso caráter e o rumo fundamental da vida. Ambas as dimensões vêm sempre misturadas, mas uma delas deve prevalecer sobre a outra e mantendo-a sob controle, sem a pretensão de eliminá-la; pois, do contrário, voltará ainda mais furiosa. Assim nos atestam os psicanalistas.

A *segunda* condição é a de assumirmos corajosamente que, para a atual situação do mundo, a estratégia de São Francisco emerge, assim nos parece, como a mais adequada e eficaz. Ela detém o segredo da criação da fraternidade e da paz.

Esta estratégia é a renúncia, não simplesmente de todo poder que é necessário como serviço e como organização da sociedade, mas renúncia daquele tipo de poder que significa dominação sobre outros, pessoas e seres da natureza. Essa forma de poder destrói as pontes entre as pessoas, cria desigualdades entre quem dispõe de poder e outro que não dispõe; no fundo, desumaniza a todos.

Francisco chama essa atitude de despojamento voluntário de radical pobreza. Não se trata de um ascetismo religioso, mas de uma determinação e de um despojamento voluntário do poder-dominação.

São Francisco considera essa renúncia do poder-dominação o caminho da pura simplicidade. Quer dizer, não nutrir uma dupla intenção, uma sempre escondida (frequente entre os políticos), mas somente uma que deve ser plenamente transparente. Essa atitude gera confiança, e sem confiança nenhum projeto e nenhuma estratégia prosperam. O santo de Assis também usa a expressão *minoridade*; ou seja, colocar-se no chão, onde todos são menores, na mesma altura do outro, cara a cara, olho no olho, não pretendendo se impor aos demais.

Só é possível realizarmos a renúncia ao poder-dominação, vivermos a pura simplicidade e a real minoridade se reforçarmos o polo luminoso da contradição humana, de forma que possamos manter sob controle, limitar e integrar o polo tenebroso. Deixar que o impulso para o amor e para o encontro do outro como irmão e irmã ganhem a prioridade e constituam a orientação básica da vida.

Esta estratégia é encontrada na famosa *Oração de São Francisco*, sempre cantada nos encontros de líderes religiosos do mundo inteiro, qual credo no qual todos se encontram e podem dizer *Amém*.

Em que reside a força dessa oração? Sua força está no fato de o Santo de Assis ter aprendido a chamar e a amar todas as criaturas, humanas e não humanas, de irmãos e irmãs. Ele sabia que no mundo há maldades e ódios, pois não era alienado nem ingênuo. Mas não se questionou por que no mundo coexistem essas negatividades. Na sabedoria própria dos simples, intuiu que a maldade e as contradições estão aí não simplesmente para ser compreendidas, com mil reflexões, como sói fazer a filosofia e a teologia. Mas para serem superadas pelo amor e pelo bem. A parte sã curará a parte doentia. Uma pequeníssima chama de luz desfaz densas trevas.

Essa pequenina chama impedirá o triunfo das "densas sombras" como as chama a *Fra-*

telli Tutti. Elas não são eliminadas, mas passam a ser integradas sob a regência da luz. E isso já é o suficiente para caminharmos no rumo certo. Afirma a oração:

> [...] onde houver ódio, que eu leve o amor; onde houver ofensa, que eu leve o perdão; onde houver discórdia, que eu leve a união; onde houver dúvida, que eu leve a fé; onde houver erro, que eu leve a verdade; onde houver desespero, que eu leve a esperança; onde houver tristeza, que eu leve a alegria; onde houver trevas, que que leve a luz [...] [importa] mais consolar, que ser consolado; compreender, que ser compreendido; amar, que ser amado [...].

O efeito desta estratégia sapiencial é a paz, possível e duradoura, concedida aos filhos e filhas de Adão e Eva decadentes. Aqui se encontra o fundamento seguro de uma fraternidade universal. A paz que daí brota, citando a *Carta da Terra*, "é a plenitude que resulta da reta relação para consigo mesmo, com os outros, com outras culturas, com a natureza e com o Todo do qual somos parte" (n. 16).

Sobre este espírito de paz, que significa mais do que uma pacificação, deriva-se uma fraternidade aberta e calorosa com os seres humanos, amigável e cuidadosa para com os demais seres da natureza, chamando-os com o doce nome de irmãos e irmãs.

Vale observar um dado que possivelmente seja uma singularidade da experiência cristã do amor, base da fraternidade sem fronteiras. É o termo *mais*. Para os seguidores do Jesus histórico e de São Francisco de Assis vale a lei áurea, presente nas Escrituras judaico-cristãs e em todos os caminhos espirituais e religiões: "ame o próximo como a ti mesmo". Jesus e São Francisco radicalizam esse amor, acrescentando-lhe algo inédito: o *mais*.

São Francisco, chamado de "o primeiro depois do Único", ou "o último cristão", viveu concretamente esse *mais*: não aceitava que alguém fosse *mais* pobre do que ele; logo lhe dava o pouco que tinha para não ter *mais* do que o outro.

A radicalização cristã e de São Francisco se expressa por esse *mais*. Então: "*mais* consolar, que ser consolado; *mais* compreender, que ser compreendido; *mais* amar, que ser amado". Nesse *mais* está presente a radical pobreza e o despojamento, descentrando-se de si mesmo para pôr toda a centralidade no outro.

Esse *mais* foi a grande contribuição espiritual que Jesus nos entregou, bem entendida e vivida por São Francisco. Esse foi o caminho escolhido pelo Nazareno, bem expresso por São Paulo: "Ele, sendo Deus, despojou-se de sua condição divina e apresentou-se como um simples homem e, por solidariedade, como um escravo" (Fl 2,6-7).

Esse caminho de São Francisco de uma fraternidade sem muros e sem fronteiras pode ser vivido em cada momento, fazendo da irmandade universal, incluindo os seres da natureza, a inauguração de um novo modo de ser, de uma nova presença no mundo e na comunidade cristã. O efeito final só poderá ser uma paz duradoura na mesma grande Casa Comum, onde irmãos e irmãs convivem, se entreajudam e, juntos, celebram a alegria da vida.

12 A nossa responsabilidade coletiva

Cabe a nós, como pessoas e como coletividade, pensar e repensar com a maior seriedade, colocar e recolocar esta questão presente no sonho-aposta da *Fratelli Tutti*: Dentro da situação mudada de Terra e de humanidade e das ameaças que pesam sobre elas, não representa puro sonho e utopia inviável buscar um espírito da fraternidade universal entre os humanos e com todos os seres da natureza, e realizá-lo coletivamente. Não. Nas palavras de Paulo Freire trata-se de um sonho viável, de uma utopia realizável. Esta será a grande saída que nos poderá salvar. O Papa Francisco crê nesta aposta e espera que este seja o caminho. Pode ser tortuoso, conhecer obstáculos e fazer desvios, mas assinala o rumo certo.

Urge respondermos, pois o tempo do relógio corre contra nós. Ou acolhemos a proposta da figura mais inspiradora do Ocidente, *o humilde Francisco de Assis* – como o chama Tomás de Kempis, autor de *Imitação de Cristo*, e retomada na *Fratelli Tutti* pelo Francisco de Roma e repensada por Leclerc e Lévi-Strauss –, ou poderemos trilhar um caminho já percorrido pelos dinossauros há 67 milhões de anos. Mas a aposta nos assegura não ser este o destino da humanidade.

Só nos resta palmilhar este caminho da fraternidade universal e do amor social, porque então poderemos continuar, sob a luz benfazeja do sol, sobre esse pequeno planeta, azul e branco, a Terra, nosso querido lar e Casa Comum. A Terra continuará a girar ao redor do Sol e nós junto com ela.

Não é este o secreto desejo de todos os seres humanos? Não é este o sonho de Jesus? Não é este o desígnio de nosso Criador?

Scripsi et salvavi animam meam.

Conclusão

O ser humano, em grande parte, é feito de sonhos. É assim porque comparece como um projeto infinito sempre em busca de seu objeto adequado, que também deve ser infinito. Todos, em algum momento da vida, fazemos a experiência de Santo Agostinho, do *cor inquietum*. Só descansaremos e repousaremos quando descobrimos o Infinito dentro de nós e no próprio universo.

Os sonhos nascem desse transfundo infinito de nossa condição humana. São eles que nos levam a projetar mundos ainda não ensaiados, mas possíveis e necessários. Orientam nosso olhar para cima e para frente. Fazem-nos andar.

Hoje, mais do que em outras épocas, temos de suscitar os grandes sonhos, dos quais falava Carl Gustav Jung. O nosso sonho maior tem a ver com a salvaguarda da Casa Comum e com a perpetuidade da vida e de nossa civilização, que correm o risco de serem profundamente danificadas e até poderão desaparecer da face da Terra.

Dois pontos são imperativos: primeiro, gestar um mundo possível e necessário; segundo, garantir que dentro desse mundo necessário estejam os muitos mundos culturais, forjados pela atividade civilizatória humana, tendo a natureza incluída.

Para realizar esse propósito e dar-lhe alguma configuração foi escrito este ensaio, inspirado na maior figura que o Ocidente produziu, Francisco de Assis, e atualizada pelo Francisco de Roma em sua vida e em seus dois escritos seminais: a *Laudato Si' – Sobre o cuidado da Casa Comum* e a *Fratelli Tutti*. Inspirou-nos também a *Carta da Terra*, que parte das mesmas preocupações, e, junto com os textos papais, alimentou a esperança de que nossas dores não são as de alguém nas vascas da morte, mas as de um parto, gerador de nova vida.

A fraternidade universal e o amor social não encontram condições adequadas de realização coletiva no quadro do sistema capitalista, produtivista, individualista e antiecológico ainda dominante. Mantendo-se esse ritmo serão gerados desastres jamais vistos na história. Por isso, essa dinâmica atual precisa ser superada e mudada. É a lição e até a exigência que o Covid-19 nos faz.

A fraternidade universal e o amor se mostraram possíveis na vida e na prática do *Sol de Assis*, como Dante Alighieri em sua *Divina Comédia* chama Francisco de Assis. Para isso devemos nos despojar de toda a arrogância de sermos *o pequeno deus na Terra* e de nos sentirmos irmãos e irmãs entre nós humanos e com todos os demais seres da natureza.

Precisamos da humildade que nos remete ao *humus* do qual todos viemos e que, pela mesma origem, nos faz realmente irmãos e irmãs. Esta humildade só será real e verdadeira se removermos todos os entraves que nos impedem de nos vermos face a face, olho a olho e com as mãos abertas para o abraço fraternal e caloroso. É o sentido da pobreza essencial. Não se trata de um exercício ascético, mas de um modo de ser que nos coloca ao pé de todos os seres da natureza e, juntos, formando uma comunidade de iguais e de irmãos e irmãs.

Essa via está dentro das possibilidades humanas. Chegou o momento urgente de ser concretizada e de ser traduzida como o nosso *sonho maior*. Este é sonho-aposta do Papa Francisco e, humildemente, também o nosso. Estamos convencidos de que somente trilhando este caminho nos salvaremos "do vale da morte" (Sl 23) e chegaremos "à campina verdejante" e à montanha das bem-aventuranças, pois o Bom Pastor nos assegura: "nada temas; eu estou contigo" (Sl 23).

Livros de Leonardo Boff

1 – *O Evangelho do Cristo Cósmico*. Petrópolis: Vozes, 1971. • Reeditado pela Record (Rio de Janeiro), 2008.

2 – *Jesus Cristo libertador*. Petrópolis: Vozes, 1972.

3 – *Die Kirche als Sakrament im Horizont der Welterfahrung*. Paderborn: Verlag Bonifacius-Druckerei, 1972 [Esgotado].

4 – *A nossa ressurreição na morte*. Petrópolis: Vozes, 1972.

5 – *Vida para além da morte*. Petrópolis: Vozes, 1973.

6 – *O destino do homem e do mundo*. Petrópolis: Vozes, 1973.

7 – *Experimentar Deus*. Petrópolis: Vozes, 2012 [Publicado em 1974 pela Vozes com o título *Atualidade da experiência de Deus*].

8 – *Os sacramentos da vida e a vida dos sacramentos*. Petrópolis: Vozes, 1975.

9 – *A vida religiosa e a Igreja no processo de libertação*. 2. ed. Petrópolis: Vozes/CNBB, 1975 [Esgotado].

10 – *Graça e experiência humana*. Petrópolis: Vozes, 1976.

11 – *Teologia do cativeiro e da libertação*. Lisboa: Multinova, 1976. • Reeditado pela Vozes, 1998.

12 – *Natal*: a humanidade e a jovialidade de nosso Deus. Petrópolis: Vozes, 1976.

13 – *Eclesiogênese* – As comunidades reinventam a Igreja. Petrópolis: Vozes, 1977. • Reeditado pela Record (Rio de Janeiro), 2008.

14 – *Paixão de Cristo, paixão do mundo*. Petrópolis: Vozes, 1977.

15 – *A fé na periferia do mundo*. Petrópolis: Vozes, 1978 [Esgotado].

16 – *Via-sacra da justiça*. Petrópolis: Vozes, 1978 [Esgotado].

17 – *O rosto materno de Deus*. Petrópolis: Vozes, 1979.

18 – *O Pai-nosso* – A oração da libertação integral. Petrópolis: Vozes, 1979.

19 – *Da libertação* – O teológico das libertações sócio-históricas. Petrópolis: Vozes, 1979 [Esgotado].

20 – *O caminhar da Igreja com os oprimidos.* Rio de Janeiro: Codecri, 1980. • Reeditado pela Vozes (Petrópolis), 1988.

21 – *A Ave-Maria* – O feminino e o Espírito Santo. Petrópolis: Vozes, 1980.

22 – *Libertar para a comunhão e participação.* Rio de Janeiro: CRB, 1980 [Esgotado].

23 – *Igreja*: carisma e poder. Petrópolis: Vozes, 1981. • Reedição ampliada: Ática (Rio de Janeiro), 1994; • Record (Rio de Janeiro) 2005.

24 – *Crise, oportunidade de crescimento.* Petrópolis: Vozes, 2011 [Publicado em 1981 pela Vozes com o título *Vida segundo o Espírito*].

25 – *São Francisco de Assis*: ternura e vigor. Petrópolis: Vozes, 1981.

26 – *Via-sacra para quem quer viver.* Petrópolis: Vozes, 1991 [Publicado em 1982 pela Vozes com o título *Via-sacra da ressurreição*].

27 – *O livro da Divina Consolação*. Petrópolis: Vozes, 2006 [Publicado em 1983 com o título de *Mestre Eckhart*: a mística do ser e do não ter].

28 – *Ética e ecoespiritualidade*. Petrópolis: Vozes, 2011 [Publicado em 1984 pela Vozes com o título *Do lugar do pobre*].

29 – *Teologia à escuta do povo*. Petrópolis: Vozes, 1984 [Esgotado].

30 – *A cruz nossa de cada dia*. Petrópolis: Vozes, 2012 [Publicado em 1984 pela Vozes com o título *Como pregar a cruz hoje numa sociedade de crucificados*].

31 – (com Clodovis Boff) *Teologia da Libertação no debate atual*. Petrópolis: Vozes, 1985 [Esgotado].

32 – *A Trindade e a sociedade*. Petrópolis: Vozes, 2014 [publicado em 1986 com o título *A Trindade, a sociedade e a libertação*].

33 – *E a Igreja se fez povo*. Petrópolis: Vozes, 1986 (esgotado). • Reeditado em 2011 com o título *Ética e ecoespiritualidade*, em conjunto com *Do lugar do pobre*.

34 – (com Clodovis Boff) *Como fazer Teologia da Libertação?* Petrópolis: Vozes, 1986.

35 – *Die befreiende Botschaft*. Friburgo: Herder, 1987.

36 – *A Santíssima Trindade é a melhor comunidade*. Petrópolis: Vozes, 1988.

37 – (com Nelson Porto) *Francisco de Assis*: homem do paraíso. Petrópolis: Vozes, 1989. • Reedição modificada em 1999.

38 – *Nova evangelização*: a perspectiva dos pobres. Petrópolis: Vozes, 1990 [Esgotado].

39 – *La misión del teólogo en la Iglesia*. Estella: Verbo Divino, 1991.

40 – *Seleção de textos espirituais*. Petrópolis: Vozes, 1991 [Esgotado].

41 – *Seleção de textos militantes*. Petrópolis: Vozes, 1991 [Esgotado].

42 – *Con La libertad del Evangelio*. Madri: Nueva Utopia, 1991.

43 – *América Latina*: da conquista à nova evangelização. São Paulo: Ática, 1992 [Esgotado].

44 – *Ecologia, mundialização e espiritualidade*. São Paulo: Ática, 1993. • Reeditado pela Record (Rio de Janeiro), 2008.

45 – (com Frei Betto) *Mística e espiritualidade*. Rio de Janeiro: Rocco, 1994. • Reedição revista e ampliada pela Vozes (Petrópolis), 2010.

46 – *Nova era*: a emergência da consciência planetária. São Paulo: Ática, 1994. • Reeditado pela Sextante (Rio de Janeiro) em 2003 com o título de *Civilização planetária*: desafios à sociedade e ao cristianismo [Esgotado].

47 – *Je m'explique*. Paris: Desclée de Brouwer, 1994.

48 – (com A. Neguyen Van Si) *Sorella Madre Terra*. Roma: Lavoro, 1994.

49 – *Ecologia* – Grito da terra, grito dos pobres. São Paulo: Ática, 1995. • Reeditado pela Record (Rio de Janeiro), 2015.

50 – *Princípio Terra* – A volta à Terra como pátria comum. São Paulo: Ática, 1995 [Esgotado].

51 – (org.) *Igreja*: entre norte e sul. São Paulo: Ática, 1995 [Esgotado].

52 – (com José Ramos Regidor e Clodovis Boff) *A Teologia da Libertação*: balan-

ços e perspectivas. São Paulo: Ática, 1996 [Esgotado].

53 – *Brasa sob cinzas*. Rio de Janeiro: Record, 1996.

54 – *A águia e a galinha*: uma metáfora da condição humana. Petrópolis: Vozes, 1997.

55 – *A águia e a galinha*: uma metáfora da condição humana. Edição comemorativa – 20 anos. Petrópolis: Vozes, 2017.

56 – (com Jean-Yves Leloup, Pierre Weil e Roberto Crema) *Espírito na saúde*. Petrópolis: Vozes, 1997.

57 – (com Jean-Yves Leloup e Roberto Crema) *Os terapeutas do deserto* – De Fílon de Alexandria e Francisco de Assis a Graf Dürckheim. Petrópolis: Vozes, 1997.

58 – *O despertar da águia*: o dia-bólico e o sim-bólico na construção da realidade. Petrópolis: Vozes, 1998.

59 – *O despertar da águia*: o dia-bólico e o sim-bólico na construção da realidade. Edição especial. Petrópolis: Vozes, 2017.

60 – *Das Prinzip Mitgefühl* – Texte für eine bessere Zukunft. Friburgo: Herder, 1999.

61 – *Saber cuidar* – Ética do humano, compaixão pela Terra. Petrópolis: Vozes, 1999.

62 – *Ética da vida.* Brasília: Letraviva, 1999.
• Reeditado pela Record (Rio de Janeiro), 2009.

63 – *Coríntios* – Introdução. Rio de Janeiro: Objetiva, 1999 (Esgotado).

64 – *A Oração de São Francisco*: uma mensagem de paz para o mundo atual. Rio de Janeiro: Sextante, 1999. • Reeditado pela Vozes (Petrópolis), 2014.

65 – *Depois de 500 anos*: que Brasil queremos? Petrópolis: Vozes, 2000 [Esgotado].

66 – *Voz do arco-íris.* Brasília: Letraviva, 2000. • Reeditado pela Sextante (Rio de Janeiro), 2004 [Esgotado].

67 – (com Marcos Arruda) *Globalização*: desafios socioeconômicos, éticos e educativos. Petrópolis: Vozes, 2000.

68 – *Tempo de transcendência* – O ser humano como um projeto infinito. Rio de Janeiro: Sextante, 2000. • Reeditado pela Vozes (Petrópolis), 2009.

69 – (com Werner Müller) *Princípio de compaixão e cuidado*. Petrópolis: Vozes, 2000.

70 – *Ethos mundial* – Um consenso mínimo entre os humanos. Brasília: Letraviva, 2000. • Reeditado pela Record (Rio de Janeiro), 2009.

71 – *Espiritualidade* – Um caminho de transformação. Rio de Janeiro: Sextante, 2001. • Reeditado pela Mar de Ideias (Rio de Janeiro), 2016.

72 – *O casamento entre o céu e a terra* – Contos dos povos indígenas do Brasil. São Paulo: Salamandra, 2001. • Reeditado pela Mar de Ideias (Rio de Janeiro), 2014.

73 – *Fundamentalismo*. Rio de Janeiro: Sextante, 2002. • Reedição ampliada e modificada pela Vozes (Petrópolis) em 2009 com o título *Fundamentalismo, terrorismo, religião e paz*.

74 – (com Rose Marie Muraro). *Feminino e masculino*: uma nova consciência para o encontro das diferenças. Rio de Janeiro: Sextante, 2002. • Reeditado pela Record (Rio de Janeiro), 2010.

75 – *Do iceberg à arca de Noé*: o nascimento de uma ética planetária. Rio de Janeiro: Garamond, 2002. • Reeditado pela Mar de Ideias (Rio de Janeiro), 2010.

76 – *Crise*: oportunidade de crescimento. Campinas: Verus, 2002. • Reeditado pela Vozes (Petrópolis), 2011.

77 – (com Marco Antônio Miranda). *Terra América*: imagens. Rio de Janeiro: Sextante, 2003 [Esgotado].

78 – *Ética e moral*: a busca dos fundamentos. Petrópolis: Vozes, 2003.

79 – *O Senhor é meu Pastor*: consolo divino para o desamparo humano. Rio de Janeiro: Sextante, 2004. • Reeditado pela Vozes (Petrópolis), 2013.

80 – *Responder florindo*. Rio de Janeiro: Garamond, 2004 [Esgotado].

81 – *Novas formas da Igreja*: o futuro de um povo a caminho. Campinas: Verus, 2004 [Esgotado].

82 – *São José*: a personificação do Pai. Campinas: Verus, 2005. • Reeditado pela Vozes (Petrópolis), 2012.

83 – *Un papa difficile da amare*: scritti e interviste. Roma: Datanews, 2005.

84 – *Virtudes para um outro mundo possível* – Vol. I: Hospitalidade: direito e dever de todos. Petrópolis: Vozes, 2005.

85 – *Virtudes para um outro mundo possível* – Vol. II: Convivência, respeito e tolerância. Petrópolis: Vozes, 2006.

86 – *Virtudes para um outro mundo possível* – Vol. III: Comer e beber juntos e viver em paz. Petrópolis: Vozes, 2006.

87 – *A força da ternura* – Pensamentos para um mundo igualitário, solidário, pleno e amoroso. Rio de Janeiro: Sextante, 2006. • Reeditado pela Mar de Ideias (Rio de Janeiro), 2012.

88 – *Ovo da esperança*: o sentido da Festa da Páscoa. Rio de Janeiro: Mar de Ideias, 2007.

89 – (com Lúcia Ribeiro) *Masculino, feminino*: experiências vividas. Rio de Janeiro: Record, 2007.

90 – *Sol da esperança* – Natal: histórias, poesias e símbolos. Rio de Janeiro: Mar de Ideias, 2007.

91 – *Homem*: satã ou anjo bom. Rio de Janeiro: Record, 2008.

92 – (com José Roberto Scolforo). *Mundo eucalipto*. Rio de Janeiro: Mar de Ideias, 2008.

93 – *Opção Terra*. Rio de Janeiro: Record, 2009.

94 – *Meditação da luz*. Petrópolis: Vozes, 2010.

95 – *Cuidar da Terra, proteger a vida*. Rio de Janeiro: Record, 2010.

96 – *Cristianismo*: o mínimo do mínimo. Petrópolis: Vozes, 2011.

97 – *El planeta Tierra*: crisis, falsas soluciones, alternativas. Madri: Nueva Utopia, 2011.

98 – (com Mark Hathaway). *O Tao da Libertação* – Explorando a ecologia da transformação. 2. ed. Petrópolis: Vozes, 2012.

99 – *Sustentabilidade*: O que é – O que não é. Petrópolis: Vozes, 2012.

100 – *Jesus Cristo Libertador*: ensaio de cristologia crítica para o nosso tempo. Petrópolis: Vozes, 2012 [Selo Vozes de Bolso].

101 – *O cuidado necessário*: na vida, na saúde, na educação, na ecologia, na ética e na espiritualidade. Petrópolis: Vozes, 2012.

102 – *As quatro ecologias*: ambiental, política e social, mental e integral. Rio de Janeiro: Mar de Ideias, 2012.

103 – *Francisco de Assis* – Francisco de Roma: a irrupção da primavera? Rio de Janeiro: Mar de Ideias, 2013.

104 – *O Espírito Santo* – Fogo interior, doador de vida e Pai dos pobres. Petrópolis: Vozes, 2013.

105 – (com Jürgen Moltmann). *Há esperança para a criação ameaçada?* Petrópolis: Vozes, 2014.

106 – *A grande transformação*: na economia, na política, na ecologia e na educação. Petrópolis: Vozes, 2014.

107 – *Direitos do coração* – Como reverdecer o deserto. São Paulo: Paulus, 2015.

108 – *Ecologia, ciência, espiritualidade* – A transição do velho para o novo. Rio de Janeiro: Mar de Ideias, 2015.

109 – *A Terra na palma da mão* – Uma nova visão do planeta e da humanidade. Petrópolis: Vozes, 2016.

110 – (com Luigi Zoja). *Memórias inquietas e persistentes de L. Boff*. São Paulo: Ideias & Letras, 2016.

111 – (com Frei Betto e Mario Sergio Cortella). *Felicidade foi-se embora?* Petrópolis: Vozes Nobilis, 2016.

112 – *Ética e espiritualidade*– Como cuidar da Casa Comum. Petrópolis: Vozes, 2017.

113 – *De onde vem?* – Uma nova visão do universo, da Terra, da vida, do ser humano, do espírito e de Deus. Rio de Janeiro: Mar de Ideias, 2017.

114 – *A casa, a espiritualidade, o amor.* São Paulo: Paulinas, 2017.

115 – (com Anselm Grün). *O divino em nós.* Petrópolis: Vozes Nobilis, 2017.

116 – *O livro dos elogios* – O significado do insignificante. São Paulo: Paulus, 2017.

117 – *Brasil* – Concluir a refundação ou prolongar a dependência? Petrópolis: Vozes, 2018.

118 – *Reflexões de um velho teólogo e pensador.* Petrópolis: Vozes, 2018.

119 – *A saudade de Deus* – A força dos pequenos. Petrópolis: Vozes, 2020.

120 – *Covid-19* – A Mãe Terra contra-ataca a humanidade: advertências da pandemia. Petrópolis: Vozes, 2020.

121 – *O doloroso parto da Mãe Terra* – Uma sociedade de fraternidade sem fronteiras e de amizade social. Petrópolis: Vozes, 2021.

122 – *Habitar a Terra* – Qual o caminho para a fraternidade universal? Petrópolis: Vozes, 2021.

CULTURAL

Administração – Antropologia – Biografias
Comunicação – Dinâmicas e Jogos
Ecologia e Meio Ambiente – Educação e Pedagogia
Filosofia – História – Letras e Literatura
Obras de referência – Política – Psicologia
Saúde e Nutrição – Serviço Social e Trabalho
Sociologia

CATEQUÉTICO PASTORAL

Catequese – Pastoral
Ensino religioso

REVISTAS

Concilium – Estudos Bíblicos
Grande Sinal – REB

TEOLÓGICO ESPIRITUAL

Biografias – Devocionários – Espiritualidade e Mística
Espiritualidade Mariana – Franciscanismo
Autoconhecimento – Liturgia – Obras de referência
Sagrada Escritura e Livros Apócrifos – Teologia

PRODUTOS SAZONAIS

Folhinha do Sagrado Coração de Jesus
Calendário de mesa do Sagrado Coração de Jesus
Almanaque Santo Antônio – Agendinha
Diário Vozes – Meditações para o dia a dia
Encontro diário com Deus
Guia Litúrgico

VOZES NOBILIS

Uma linha editorial especial, com importantes autores, alto valor agregado e qualidade superior.

VOZES DE BOLSO

Obras clássicas de Ciências Humanas em formato de bolso.

CADASTRE-SE
www.vozes.com.br

EDITORA VOZES LTDA.
Rua Frei Luís, 100 – Centro – Cep 25689-900 – Petrópolis, RJ
Tel.: (24) 2233-9000 – Fax: (24) 2231-4676 – E-mail: vendas@vozes.com.br

UNIDADES NO BRASIL: Belo Horizonte, MG – Brasília, DF – Campinas, SP – Cuiabá, MT
Curitiba, PR – Fortaleza, CE – Juiz de Fora, MG – Petrópolis, RJ – Recife, PE – São Paulo, SP